Hermès Glykas

Os lobbies como governantes silenciosos dos EUA

Hermès Glykas

Os lobbies como governantes silenciosos dos EUA

A NRA: uma ameaça ou um protetor?

ScienciaScripts

Imprint

Cover image: www.ingimage.com

This book is a translation from the original published under ISBN 978-3-659-85856-7.

Publisher:
Sciencia Scripts
is a trademark of
Dodo Books Indian Ocean Ltd. and OmniScriptum S.R.L publishing group

120 High Road, East Finchley, London, N2 9ED, United Kingdom
Str. Armeneasca 28/1, office 1, Chisinau MD-2012, Republic of Moldova, Europe
Printed at: see last page
ISBN: 978-620-8-32221-2

"Lobbies as Silent Rulers of the United States of America" (Lobbies como governantes silenciosos dos Estados Unidos da América).

A NRA: uma ameaça ou um protetor?"

Agradecimentos

Je tenais a remercier ***M. Jean-Daniel COLLOMB*** *pour sa comprehension et la liberte qu'il m a laissee lors de l 'ecrtture de ce memoire, ainsi que pour sa passion contagieuse pour la culture americaine. Esperando não ser enganado.*

M. Denis JAMET *pela sua acessibilidade e proximidade, bem como pelos seus esforços para colocar os alunos nas melhores condições.*

M. Gregory D'ADAMO *pela sua ajuda preciosa, pelos seus numerosos encorajamentos e, sobretudo, por ter sido um grande apoio para mim.*

M. Barack OBAMA *pela sua classe, bem como pela sua luta contra a violência e a corrupção.*

Joe Manchin III *e* ***Patrick Toomey*** *pela sua vontade de justiça, bem como pela sua colaboração, demonstrando que tudo é possível com uma boa vontade.*

Mlle. Cecilia CLERGET *pour son soutien sans faille ainsi que pour m 'avoir supporte, ce qui a surement du etre plus dur que l 'ecrtture de ce memoire. Pour finir,* ***Mme. Anne DIEZ*** *que je tenais a remercier pour tout, tout simplement.*

Índice

Introdução

O direito fundamental de possuir armas para fins de auto-defesa está no cerne da Constituição e do modo de vida americanos. É garantido pela Segunda Emenda à Constituição dos Estados Unidos da América, ratificada em 15 de dezembro de 1791. Dito isto, esta emenda é a mais debatida da Constituição americana e muitas vozes dissidentes podem ser ouvidas em todo o mundo. Nesse sentido, é interessante olhar mais de perto para o apoiante número um desta emenda: a National Rifle Association (NRA). O grupo defende firmemente o direito de portar e transportar armas e condena qualquer legislação que possa limitar o acesso de qualquer cidadão, sem exceção, a armas de fogo. Para além disso, tem uma enorme influência política e é um dos lobbies mais poderosos da América. Atualmente, com quase uma arma de fogo per capita no país e uma taxa de homicídios que se encontra entre as mais elevadas do mundo desenvolvido, a NRA continua a insistir numa política de armas ainda mais laxista. Por conseguinte, é justo perguntar se a organização está verdadeiramente do lado da segurança nacional.

A questão será abordada numa perspetiva social e política, principalmente através da utilização de estatísticas, resultados de sondagens e ensaios. É da maior importância mostrar até que ponto o porte de arma é um problema social, uma vez que ameaça a segurança nacional. Combater fogo com fogo é a melhor solução, ou seria melhor não permitir o fogo em primeiro lugar? Como é frequentemente o caso na política, não existe aqui um meio-termo. Assim, a política também é afetada, pois os lobistas, e especialmente os defensores do direito às armas, têm um enorme - "excessivo", diriam alguns - peso político. Num país tão grande como a América, com mais de 300 milhões de pessoas, nem sempre é fácil agradar a todos, pelo que os lobbies são uma forma de fazer ouvir os interesses de todos. A verdadeira questão é: trata-se de defender o interesse nacional ou os interesses de alguns?

De que lado está exatamente a NRA quando se trata de segurança na América? Até que ponto podemos dizer que um lóbi é um decisor?

A melhor maneira de começar a abordar a questão é definir por que razão a violência está tão profundamente enraizada no âmago dos Estados Unidos da América, discutindo a sua criação, as suas realidades modernas e as tentativas de repelir essa violência. Depois, será muito mais fácil compreender por que razão a política americana moderna funciona como funciona, e será necessário centrarmo-nos nos grupos de pressão, bem como no impacto que têm na vida de milhões de cidadãos.

CAPÍTULO 1

O crime como caraterística fundamental da América

1.1. Violência precoce

[th]Quando, no início do século XVII, os primeiros colonos europeus chegaram - na sua maioria vindos de Inglaterra - a este continente "recém-descoberto" e decidiram estabelecer-se, tiveram de começar do zero. Desembarcaram no que é hoje conhecido como o estado da Virgínia e criaram aí a primeira colónia, Jamestown. De certa forma, foram os pioneiros da noção de "sonho americano". Ao fim de alguns anos, tinham sido criadas comunidades, mas não se tratava de um país. Na altura, não havia unidade porque cada colónia tinha sido criada por diferentes tipos de colonos em diferentes condições. Existiam muitas disparidades religiosas, bem como diferentes nacionalidades. É também de salientar que estes colonos tinham de lidar com os nativos americanos. John Smith, um navegador britânico, é o mais famoso dos colonos de Jamestown que liderou um ataque contra os nativos americanos. Matou muitos deles, incluindo mulheres e crianças, e o facto de isso ter sido correto ou não não é relevante aqui. O facto é que, na altura, as pessoas precisavam de armas de fogo. Estavam num novo continente, a tentar ganhar a vida apesar das muitas ameaças que pairavam sobre eles.

Os nativos americanos não eram considerados a única ameaça para eles. Havia também colonos de outros países, como a Suécia, a Alemanha ou os Países Baixos, o que também provocou algumas lutas. A natureza também estava na origem de muitos perigos, primeiro com a agricultura, que não era nada fácil devido aos solos da parte norte do continente. Havia também animais selvagens, alguns dos quais desconhecidos para os colonos. Mais uma vez, as armas de fogo eram vitais, tanto para a caça como para a defesa pessoal.

[th]Algumas décadas mais tarde, durante a segunda metade do século XVIII, quando a colónia - embora fosse finalmente possível chamar-lhe um país - estava muito mais unificada do que no século anterior, o povo teve de enfrentar uma pesada tributação por parte da Inglaterra, a metrópole. Para eles, era injusto pagar esses impostos a esse país europeu que nunca lhes tinha permitido estar representados e ter uma palavra a dizer em termos políticos. Por conseguinte, consideravam que não lhes cabia ajudar a Inglaterra a melhorar a sua situação financeira, depois de ter sido enfraquecida pela guerra. Assim, as colónias responderam que não tinham de pagar a Guerra dos Sete Anos, especialmente porque não tinham sido notificadas do imposto. Foi então que nasceu o sentimento nacionalista americano, intimamente ligado às armas, pois sentiam que tinham de lutar pelos seus direitos e, mais ainda, pela sua independência. Isto levou a uma guerra entre as Treze Colónias e o Reino da Grã-Bretanha em 1775. Esta guerra, conhecida como a Guerra da Revolução Americana, durou cerca de oito anos e acabou por ser ganha pelos "insurrectos" americanos.

A Declaração de Independência foi redigida apenas um ano após o início da guerra, a 4 de julho de[th] , 1776, em Filadélfia, Pensilvânia. Alguns anos mais tarde, em 1787, foi redigida a Constituição Americana, que tem sido aplicada desde 1789. A partir desse momento, as colónias deixaram de existir e passaram a ser os Estados Unidos da América. O povo conquistou a independência, o que foi um enorme orgulho para eles, e conseguiu-o através da utilização de armas de fogo.

> "Uma Milícia bem regulada, sendo necessária para a segurança de um Estado livre, o direito do povo de manter e portar armas não deve ser infringido."

Estas duas simples linhas escritas em 1789 estão na origem de uma das questões mais debatidas na América moderna. Quer seja a nível legal, político ou ético, as vozes dissidentes sempre se fizeram ouvir. Esta frase é nada mais nada menos do que a Segunda Emenda à Constituição dos Estados Unidos, inicialmente parte das dez primeiras emendas que compõem a Declaração de Direitos. Em 15 de dezembro de 1791, após serem ratificados por três quartos dos estados, esses dez artigos legislativos tornaram-se Emendas Constitucionais. Mas os americanos não foram precursores no que diz respeito ao direito de portar armas com o objetivo de se defenderem. De facto, sendo um país muito jovem, tiveram de recorrer a nações mais antigas para obterem algumas dicas úteis que ajudassem a estabelecer normas no país. Sem unidade, existiam demasiados limites ao crescimento do país, e os americanos tinham como objetivo a excelência, pelo que o estabelecimento de alguns princípios era fundamental para se tornarem uma nação adequada e bem sucedida. Onde procurar senão na própria origem da América? O Reino Unido.

Após a Revolução Gloriosa de 1688, o rei Jaime II abdicou das suas funções reais em benefício da sua filha Maria e de Guilherme de Orange. Um ano mais tarde, a ratificação da Declaração de Direitos pelo Parlamento "lançou as bases de uma monarquia constitucional" [Duiker : 445]. Uma Monarquia Constitucional significa que o monarca já não está à frente do país a nível político, mas apenas simbolicamente. É o soberano que nomeia um primeiro-ministro que dirige o país juntamente com o Parlamento. Oficialmente, o monarca deve ser politicamente neutro e, atualmente, a sua intervenção nos assuntos do país não passa de uma mera formalidade.

Com a instauração da Monarquia Constitucional, muitas coisas mudaram. Entre elas, o direito do monarca de impedir a população de portar armas. Os civis passaram a poder exercer livremente o seu direito de se defenderem através do uso de armas de fogo. Na altura da Bill of Rights americana, era tudo menos chocante que as pessoas tivessem o direito de portar armas. Além disso, esta emenda foi redigida com um objetivo. O objetivo era proteger as pessoas, uma vez que ainda não existia no país uma força de aplicação da lei ou uma milícia adequada.

Aqui está, de facto, o cerne da questão. A emenda afirma que, uma vez que é necessária uma "milícia bem regulada", as pessoas devem ter o direito de portar armas.

Agora, a questão é: devem parar quando uma milícia bem regulada é efectiva? Este é, de facto, o pomo de discórdia entre os que são a favor de uma legislação rigorosa de controlo de armas e os que são contra.

[th]Durante a primeira metade do século XX, foi ratificada a Décima Oitava Emenda à Constituição. Esta proibia o fabrico, a venda e até o transporte de bebidas alcoólicas. Esta medida é mais conhecida como Proibição e foi considerada por muitos como uma legislação progressista. Muitos grupos de influência - os antepassados dos lobbies - apelaram ao governo para proibir as bebidas alcoólicas, argumentando que não só faziam mal à saúde, como também destruíam as famílias, na medida em que os trabalhadores bebiam a maior parte do seu dinheiro e deixavam as mulheres e os filhos sem recursos suficientes. Este foi o chamado Movimento da Temperança.

No entanto, o resultado não foi tão bom como se esperava. Quando algo é proibido, é inevitável que apareça no mercado negro, e foi isso que aconteceu. As destilarias ilegais floresceram por todo o país e o banditismo disparou como consequência da concorrência. É evidente que a década de 1920 foi a idade de ouro do crime organizado. Muitos gangs ou mafiosos dedicavam-se a actividades ilegais sob a capa de grandes negócios totalmente legítimos. Al Capone é provavelmente o mafioso mais famoso de sempre da América. É frequentemente tomado como representante da Máfia em filmes e histórias populares desde essa altura. No entanto, as máfias não eram o único problema nessa altura. A corrupção também estava a crescer entre os agentes da polícia. Escusado será dizer que os anos 20 não foram o período mais seguro para a América e que a violência das armas estava mais do que nunca presente na vida quotidiana dos americanos.

Perante todos estes problemas e a crescente insegurança do país, o governo americano decidiu, em 1933, ratificar a Vigésima Primeira Emenda que revogou a Décima Oitava Emenda e, consequentemente, marcou o fim da Proibição. Há um facto interessante a destacar aqui. A Décima Oitava Emenda é a única na história americana que alguma vez foi repelida. É interessante saber que a batalha está a decorrer quando se trata da Segunda Emenda e da sua interpretação controversa. Os defensores da inalienabilidade de um direito garantido pela Constituição têm de ter em conta que nenhum direito é inalienável.

1.2. Homicídios por armas de fogo nos Estados Unidos

Para abordar realmente a questão da forma mais precisa e objetiva possível, é de importância capital fornecer aqui os números oficiais, na sua maioria provenientes do Federal Bureau of Investigation (FBI) e do Departamento de Justiça dos Estados Unidos. Como já foi referido, existem atualmente cerca de 314 milhões de pessoas na América. O primeiro número que assusta é o número de armas de fogo nos Estados Unidos. Estima-se que sejam 270 milhões, o que equivale a 89 armas de fogo por 100 habitantes. Por outras palavras, existem 0,89 armas de fogo per capita no país, o que constitui, de longe, a taxa mais elevada do mundo. A título de comparação, o segundo país a seguir aos Estados Unidos com mais armas per capita é a Sérvia, com 0,58. Não é preciso dizer que nenhum país tem hipótese nesta triste corrida. Claro que isso não significa que 89 pessoas em cada 100 possuam uma arma. Muitos residentes possuem várias armas de fogo, o que distorce os resultados, mas estes continuam a ser muito representativos. O facto é que existem, de facto, muito mais armas de fogo no país, uma vez que as estatísticas não avaliam realmente o número real de armas no mercado negro.

Para mostrar a repartição das armas detidas legalmente nos Estados Unidos, eis um mapa da posse de armas em todo o país, com dados retirados de um sítio Web pró-NRA: usacarry.com.

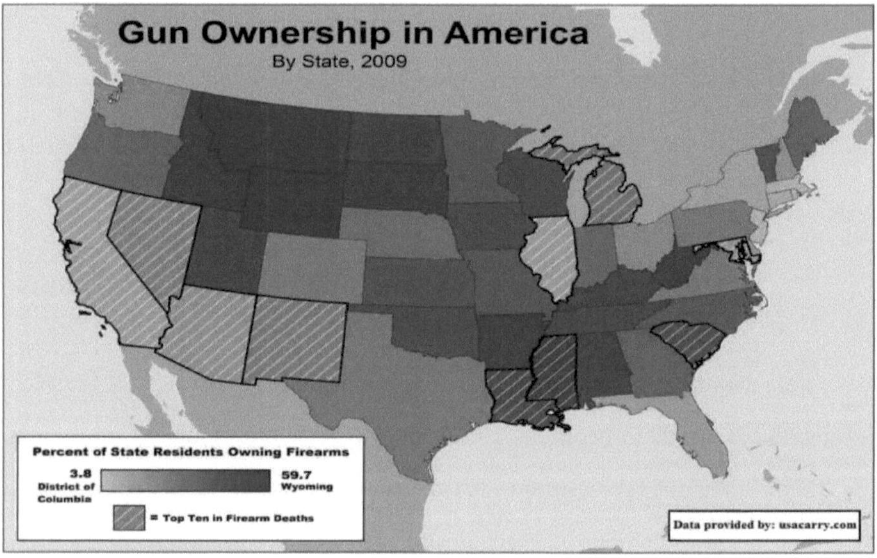

O que salta imediatamente à vista neste mapa é que "muitas armas" não significa "muitas mortes". De facto, os estados mais armados têm as classificações mais baixas quando se trata de taxas de homicídio por arma de fogo. (Virgínia Ocidental: 35th , Montana: 38th , Dakota do Sul: 39th e Wyoming: 41st .) Isto pode ser facilmente explicado pelo facto de estes estados serem maioritariamente rurais, o que significa que a necessidade de armas de fogo é enfatizada pelo facto de não poderem contar com uma resposta rápida das forças policiais, uma vez que a maioria das pessoas vive em locais remotos. Pelo contrário, a Califórnia e o Illinois, que fazem parte dos Estados com menos armas, ocupam, respetivamente, o 1^{ost} e o 8^{oth} lugar no país em termos de homicídios. Em suma, a repartição do armamento não é igual na América e os Estados com muitas armas de fogo não são necessariamente os mais mortíferos.

É então fundamental olhar mais de perto para o número de crimes cometidos por armas de fogo na América por ano. De acordo com o Gabinete das Nações Unidas contra a Droga e o Crime, em 2009, 67% dos homicídios foram cometidos com armas de fogo e, no ano seguinte, registaram-se 11 078 homicídios cometidos com armas de fogo na América. (De facto, 31 672 pessoas morreram por armas de fogo nesse ano, mas 19 392 foram suicídios. Na verdade, duas em cada três mortes por armas de fogo nos Estados Unidos são suicídios). O Wall Street Journal fez um excelente trabalho utilizando a base de dados fornecida pelo Bureau of Justice Statistics (a agência de estatísticas do Departamento de Justiça dos EUA) para criar uma ferramenta interessante que faz um recenseamento dos homicídios na América por sexo, raça, idade, estado, arma, relação entre o assassino e a vítima, bem como a causa do homicídio. Fornece-nos alguns pormenores interessantes, como o facto de a maioria dos crimes ser intra-racial. Em dez anos, entre os 165 068 casos de homicídio nos Estados Unidos, apenas 12 219 envolvem um assassino e uma vítima de dois grupos étnicos diferentes. No que respeita aos grupos étnicos, os brancos são os mais representados, seguidos dos negros e dos hispânicos. É de notar que os negros e os hispânicos estão sobre-representados em relação à pequena parte da população americana que representam (13% da população é negra e 16% é hispânica).

Pode parecer surpreendente, mas no que diz respeito aos homicídios com armas de fogo, a América é hoje um lugar muito mais seguro do que era no início da década de 1990. Na verdade, é até surpreendente para os americanos, uma vez que um inquérito realizado em março de 2013 pelo Pew Research Center mostra que 56% dos americanos acreditam que os homicídios com armas de fogo aumentaram desde a década de 1990, enquanto 12% pensam que diminuíram. Os restantes 26% afirmam que os números se mantiveram inalterados. Eis um diagrama interessante do Centro de Investigação Pew, baseado em dados do Centro de Controlo e Prevenção de Doenças, que mostra a evolução da taxa de mortes por homicídio com armas de fogo entre 1981 e 2010 por cada 100 000 pessoas.

Na realidade, se olharmos para trás, a violência com armas de fogo na América, que começou a aumentar durante a década de 1960, também foi bastante elevada no início da década de 1980, antes de diminuir até 1985. Depois, aumentou drasticamente e, finalmente, atingiu o seu pico em 1993, com uma taxa de 7,0 mortes por homicídio com armas de fogo por 100.000 pessoas. Finalmente, caiu rapidamente até 2000 e manteve-se estável desde então. Embora a população americana tenha aumentado, houve menos mortes e a taxa de homicídios por armas de fogo foi 49% menor em 2010 do que em 1993.

Apesar destes números, os americanos continuam a pensar que o seu país é mais perigoso do que costumava ser quando se trata de homicídios com armas de fogo, o que é bastante representativo deste sentimento de insegurança que se vive na nação mais poderosa do mundo.

1.3. Tentativas de regulamentação

Ao longo dos anos, muitos actos legislativos tentaram limitar o uso de armas de fogo, com um sucesso mitigado. As primeiras leis de controlo de armas, diz o historiador Saul Cornell, foram aprovadas pelos estados. O primeiro deles foi o estado do Kentucky, que tentou "travar] a prática do porte de armas escondidas em 1813" [Cornell : 141]. Esta tentativa foi firmemente criticada por muitos e, como consequência, a Segunda Emenda começou a ser usada como uma resposta a estas leis. Cornell sintetiza esta ideia na sua obra A Well-Regulated Militia: The Founding Fathers and the Origins of Gun Control in America. O que Cornell diz é que as primeiras tentativas de limitar o uso de armas de fogo estão na origem da vontade de contrariar essas tentativas. De certa forma, os defensores de uma legislação sobre armas chamaram a atenção para esta questão e, indiretamente, abriram caminho para que os defensores dos direitos das armas protestassem através da interpretação da Segunda Emenda. "Ironicamente, o primeiro movimento de controlo das armas ajudou a dar origem à primeira ideologia autoconsciente do direito às armas, construída em torno de um direito constitucional de autodefesa individual." [Cornell : 140 - 141].

Muitas leis de controlo de armas se seguiram ao longo dos anos, mas o seu sucesso foi moderado porque, na maioria das vezes, foram enfraquecidas em tribunal por casos em que a Segunda Emenda foi usada como escudo e, por vezes, até como arma.

A Lei Nacional sobre Armas de Fogo de 1934 (NFA), aprovada logo após o fim da

Lei Seca, foi uma tentativa de reduzir ainda mais a violência com armas de fogo nestes tempos perigosos. A lei impôs um imposto de 200 dólares - um imposto bastante pesado para a época - para o fabrico e transporte de determinados tipos de armas. Inicialmente, pretendia tributar todos os tipos de armas de fogo, mas acabou por se aplicar apenas às armas do Título II, ou seja, metralhadoras, espingardas de cano curto e caçadeiras, bem como dispositivos destrutivos e até silenciadores.

A Lei Nacional sobre Armas de Fogo é frequentemente associada a outra lei, a Lei de Controlo de Armas de 1968 (GCA). O principal objetivo desta lei é regular a circulação de armas de fogo entre os Estados, exceto, evidentemente, para os comerciantes ou fabricantes oficiais. Também proíbe certas pessoas de terem

acesso às armas. Nomeadamente, é proibida a venda de armas a pessoas com antecedentes criminais, doentes mentais, consumidores de determinadas substâncias e que não sejam cidadãos americanos de pleno direito (imigrantes legais ou ilegais e pessoas que possam ter perdido os seus direitos enquanto cidadãos dos Estados Unidos). É de salientar que os titulares de um cartão de marijuana medicinal também fazem parte da lista de pessoas proibidas de comprar armas, bem como as pessoas com menos de 18 anos. Isto significa que os jovens com mais de 18 anos podem comprar armas de fogo, mas têm de esperar mais três anos para poderem comprar uma cerveja ou até entrar num bar.

É importante sublinhar o facto de esta peça legislativa não ter sido fácil de implementar, pois foi interrompida duas vezes no processo, pela Câmara e pelo Senado. Foram necessários quatro assassinatos para que fosse finalmente posta em prática, os de Martin Luther King Jr., Malcolm X e Robert e John Kennedy, entre 1963 e 1968. É claro que a implementação do Gun Control Act de 1968 gerou muita controvérsia. Muitas das armas proibidas (principalmente as armas de fogo do Título II) eram "geralmente reconhecidas como particularmente adequadas ou facilmente adaptáveis a fins desportivos" (Atf.gov), o que significa que a utilização de alguns tipos de armas era aceite para a caça e o tiro ao alvo. Algo que chama ainda mais a atenção: algumas armas como a AK-47 eram proibidas nos Estados Unidos para importação, mas continuavam a ser legais - e não apenas para "fins desportivos" - se fossem de fabrico e venda nacional. É claro que esta cláusula é diametralmente oposta ao objetivo fundamental da lei, que suscitou críticas por ter acabado por ser vista como uma legislação económica protecionista a favor das indústrias americanas de armas de fogo, em vez de uma verdadeira vontade de prevenir a criminalidade.

Mais recentemente, a Lei de Regulamentação do Controlo de Armas de Fogo de 1975 foi declarada inconstitucional. Tratava-se de uma lei mais rigorosa que limitava o direito às armas no Distrito de Colúmbia (D.C.), em Washington. As armas de fogo tinham de ser guardadas em casa, desmontadas ou com um fecho no gatilho, e não eram aceites, como em todo o país, para fins de autodefesa. Além disso, a posse de armas de fogo era proibida, exceto as registadas antes de 1975. Foi então declarada contrária à Segunda Emenda à Constituição dos Estados Unidos da América após o caso Distrito de Colúmbia vs. Heller, em 2008. Dick Heller, um agente da polícia, recorreu ao Tribunal porque tinha o direito de transportar uma arma em serviço, mas não podia ter uma arma em casa para auto-defesa. Afirmou que o bairro em que vivia se tinha "transformado de um complexo de assistência social amigo das crianças num paraíso da droga". Heller ganhou o caso no Tribunal de Recurso dos Estados Unidos e a Lei de Regulamentação do Controlo de Armas de Fogo de 1975 foi suprimida.

Estas não são as únicas tentativas de limitar o impacto das armas de fogo ao longo dos anos. Em 1974, foi fundada a Campanha Brady com o objetivo de regular o direito às armas. Na verdade, mudou de nome várias vezes. De 1980 a 2000, era Handgun Control Inc. e, em 2001, passou a chamar-se Brady Campaign to Prevent Gun Violence. O seu objetivo é reduzir o impacto das legislações pró-armas, principalmente através do ativismo de base. A Lei Brady de Prevenção da Violência com Armas de Fogo é um dos actos legislativos mais famosos que a organização não governamental aprovou através de lobbying junto do Congresso. A lei aborda a violência com armas de fogo, pois tem origem numa tentativa de assassinato do Presidente americano Ronald Reagan, em 30 de março de 1981. O Presidente Reagan não foi morto, mas o seu Secretário de Estado, Jim Brady, cujo nome foi dado à Campanha, foi baleado na cabeça e ficou parcialmente paralisado para o resto da vida. A lei também recebeu o seu nome e foi promulgada uma década mais tarde, em 1993, pelo Presidente Bill Clinton. Esta lei instituiu o controlo dos antecedentes de todas as pessoas que pretendessem comprar armas de fogo. John Hinckley Jr., o atirador que tinha comprado a arma numa loja de penhores em Dallas antes de tentar matar o Presidente, tinha perturbações mentais. Por conseguinte, o tiroteio poderia ter sido evitado com um controlo dos antecedentes criminais. É claro que a NRA tentou fazer com que a lei fosse considerada inconstitucional, afirmando que violava a Décima Emenda.

"Os poderes não delegados aos Estados Unidos pela Constituição, nem por ela proibidos aos Estados, são reservados aos Estados respetivamente, ou ao povo."

Consequentemente, o Supremo Tribunal decidiu que era contra a Constituição e decidiu que cada Estado podia optar por efetuar controlos de antecedentes se assim o desejasse. Em 1998, com o aparecimento da Internet, a maioria das verificações de antecedentes passou a ser feita em linha, o que facilitou muito o processo. Outra concessão ganha pela National Rifle Association: os controlos passariam a ser instantâneos, pelo que deixariam de existir períodos de espera de cinco dias para obter uma arma. Para além disso, a informação durante as verificações de antecedentes não circularia nos dois sentidos. Embora os comerciantes de armas pudessem aceder à base de dados para ver se um comprador estava autorizado a comprar armas, as autoridades não receberiam qualquer informação sobre o tipo de armas que estavam a ser compradas.

Em 1994, a Proibição Federal de Armas de Assalto, que era uma subsecção do que era mais vulgarmente designado por "Lei do Crime" (na realidade, a Lei de Controlo do Crime Violento e Aplicação da Lei de 1994), foi aprovada pelo Congresso dos EUA e assinada por Bill Clinton. Proibia o fabrico e o transporte de algumas armas semi-automáticas, mas apenas a partir da promulgação da lei, o que significava que as que já existiam - e que tinham levado à necessidade de tal lei - continuavam a ser permitidas.

Este projeto de lei incluía a proibição dos carregadores de alta capacidade, que proibia os carregadores com mais de 10 cartuchos, numa tentativa de limitar os tiroteios em massa ocorridos no país, como o massacre da GMAC (General Motors Acceptance Corporation) em 1990 (15 vítimas) ou o massacre do Mc Donald's de San Ysidro em 1984 (22 vítimas). O FBI calculou 547 mortes em tiroteios em massa na América entre 1983 e 2012. No entanto, o projeto de lei tinha uma "cláusula de caducidade", o que significa que tinha um prazo. Uma lei com uma "cláusula de caducidade" deixa de ser eficaz, a menos que seja aprovada uma legislação que a prorrogue. Todas as tentativas de prorrogação da proibição federal de armas de assalto foram rejeitadas e os esforços para a renovar tiveram o mesmo destino.

CAPÍTULO 2

Lobbies: Actores políticos de pleno direito

2.1. As origens do lobbying

Num país tão grande como os Estados Unidos, é impossível agradar a toda a gente a nível político. Há cerca de 314 milhões de pessoas a viver em 50 estados diferentes. A América é um tipo de país realmente invulgar, porque todas estas pessoas vivem na mesma grande nação, mas ao mesmo tempo estão todas divididas por estados. Isto significa que todas partilham uma identidade nacional comum, mas que também são moldadas por caraterísticas diferentes consoante o estado de onde provêm. Por conseguinte, existem muitas disparidades, a todos os níveis possíveis, quer seja a nível político, ideológico, cultural ou religioso. Estes elementos explicam o facto de o sistema político americano ser tão complexo e não se assemelhar a nenhum outro. O problema num país tão enorme é que, após as eleições, muitas pessoas estarão descontentes com o partido político eleito à frente da nação.

Os dois principais partidos nos Estados Unidos são o Partido Democrata, considerado liberal, e o Partido Republicano, considerado conservador. É importante especificar que as eleições são muito diferentes das que conhecemos. As pessoas não votam diretamente no candidato que querem colocar na Casa Branca, mas votam nos Eleitores que, por sua vez, dão o seu voto ao candidato presidencial que apoiam oficialmente. Existem 538 eleitores, que correspondem aos 438 lugares na Câmara dos

Representantes dos EUA e aos 100 lugares no Senado. Cada estado tem um número de eleitores adequado à sua população. A representação começa com 3 eleitores nos pequenos estados e em Washington D.C. e vai até 55 na Califórnia. Este sistema tem sido muito criticado ao longo dos anos porque, apesar de ter como objetivo representar todos os estados de forma igual, de acordo com a sua população, os eleitores individuais são prejudicados nos grandes estados. Para ilustrar este facto, os 3 eleitores do Wyoming, que tem uma população de aproximadamente 500.000 pessoas, representarão cada um 190.000 eleitores, enquanto os 55 eleitores da Califórnia (37 milhões de pessoas) representarão cada um 685.000 eleitores. Isto significa que cada um dos 55 eleitores da Califórnia representará muito mais do que a população total do Wyoming.

No entanto, a controvérsia no sistema de votação americano não se fica por aqui. Em todos os estados, exceto em dois (Nebraska e Maine), o candidato presidencial que obtiver a maioria dos eleitores ganha a totalidade. É o princípio do "winner-takes-all". Isto significa que se um candidato obtiver, por exemplo, 27 votos dos 55 possíveis na Califórnia e 16 dos 34 no Texas, o resultado final não será 43 para ele e 46 para o seu adversário. O seu rival ganhará ambos os estados com 89 votos e o candidato ganhará 0 votos, independentemente de ter ganho 43 votos na realidade. Escusado será dizer que a maioria das pessoas não está satisfeita com este sistema. Eis um exemplo das eleições presidenciais de 2008 que ilustra bem este ponto.

2008 Electoral Votes by State

	Obama	McCain
AL		9
AK		3
AZ		10
AR		6
CA	55	
CO	9	
CT	7	
DE	3	
DC	3	
FL	27	

Naturalmente, como consequência, os candidatos presidenciais farão a sua campanha principalmente nestes "swing- states", uma vez que não têm interesse em gastar dinheiro em campanhas - que são caras - nos estados com apenas 3 eleitores. Isto cria grandes problemas de representação, uma vez que o voto dos cidadãos não tem o mesmo valor consoante vivam num estado pequeno ou grande, e se o seu candidato obteve ou não a maioria dos eleitores nesse estado.

De facto, Al Gore perdeu as eleições presidenciais de 2000 para George W. Bush, apesar de ter obtido mais votos do povo. Ganhou o voto popular 48, 38% contra 47, 87%, mas George W. Bush ganhou o voto eleitoral 271 contra 266, pelo que este último se tornou Presidente com menos pessoas que votaram nele. Mas a política é muito complexa e os políticos têm de jogar as suas melhores cartas e utilizar o sistema em seu próprio benefício para ganhar. É lógico que nos podemos interrogar se este método é efetivamente vantajoso para os cidadãos. Este facto ilustra claramente os limites do sistema de votação americano e mostra que muitos americanos lutam para ter representação na Casa Branca.

Por conseguinte, as pessoas têm de encontrar uma forma de fazer ouvir os seus interesses. Todas as pessoas podem ter uma preocupação particular num determinado momento e precisam que alguém a exprima. Mesmo que a Primeira Emenda da Constituição permita a todos os cidadãos "apresentar petições ao Governo", as pessoas não o podem fazer sozinhas. A forma mais eficaz de o fazer é recorrer a grupos de defesa que o farão em seu nome. Estes grupos são também designados por "lobbies". Antes de mais, é importante definir lobbying e contar a história por detrás da sua criação. Para começar, os lobbies têm origem na palavra original "lobby", que significa "sala". Já na década de 1830, os corredores da Câmara dos Comuns britânica eram o local onde os primeiros grupos de defesa se reuniam com os membros do Parlamento para discutir política antes e depois dos debates parlamentares. No entanto, como os americanos adoram uma boa história, têm a sua própria origem do lobbying. A anedota remonta à administração Grant. Pouco depois da Guerra Civil, o Presidente Ulysses Grant costumava tomar uma bebida e fumar um charuto no átrio do Willard InterContinental Hotel, em Washington, D.C. Aí, muitos grupos de defesa vinham falar com ele sobre assuntos políticos. É claro que o Hotel mantém esta história viva, pois é uma boa publicidade.

Atualmente, os lobbies estão muito bem estabelecidos em Washington D.C. Fazem parte integrante da política americana e a maioria deles tem a sua sede na K-Street, uma avenida rica da capital federal, a poucos quarteirões da Casa Branca. O seu principal papel é apresentar as preocupações dos seus clientes aos políticos de uma forma que capte a sua atenção. São contratados ou trabalham para empresas, grupos de pessoas que apoiam um interesse específico, hospitais, estados e até governos estrangeiros. Todos esperam que eles façam avançar as coisas graças aos seus conhecimentos e à sua rede de contactos. [th]A partir do século XX, as actividades do governo federal tornaram-se tão extensas que quase todos os aspectos da vida dos americanos foram afectados, criando a necessidade de defenderem os seus interesses. De facto, tudo pode tornar-se um interesse específico, como afirma Donald E. DeKieffer em The Citizen's Guide to Lobbying Congress, o que significa que não se trata apenas de grandes empresas.

"Cada cidadão é um interesse especial... Os negros, os consumidores, os professores, os pró-escolha, os defensores do controlo de armas, os deficientes, os estrangeiros, os exportadores e os vendedores são todos interesses especiais... Não há nenhum americano hoje em dia que não seja representado (quer ele ou ela o saiba ou não) por pelo menos uma dúzia de grupos de interesses especiais." [DeKieffer : 5].

Mas porque é que os congressistas se preocupam com o que os lobistas lhes vêm pedir? Porque, através de angariações de fundos e subvenções, os lobistas estão na origem das enormes quantias de dinheiro que financiam as suas campanhas políticas. É preciso ter em conta que as eleições para concorrer ao Congresso se realizam de dois em dois anos, o que significa que, assim que um congressista termina uma eleição, tem de começar a angariar dinheiro para a sua próxima campanha. Trata-se de um negócio verdadeiramente interminável. Na realidade, o lobbying é uma indústria em que os clientes pagam aos lobistas honorários mensais fixos para obterem a influência de que necessitam. Na América, as coisas são fáceis de entender: sem dinheiro, não há voz. Quanto mais dinheiro se tem, mais voz se tem, o que significa que é do interesse de todos trabalhar em conjunto. Assim, no final do dia, ambas as partes obtêm o que pretendem e os laços entre elas são reforçados. Alguns chamar-lhe-iam suborno, outros "quid-pro-quo", ou seja, um favor em troca de um favor. De facto, estes dois trabalhos são muito semelhantes, uma vez que a maioria dos lobistas já foram políticos. A reciclagem é a coisa mais fácil para os políticos, uma vez que eles entendem como as coisas funcionam em Washington e sabem como fazer as coisas. Perfeito para a K-Street. A reciclagem também funciona ao contrário, uma vez que os lobistas fazem parte das pessoas que mais conhecem as realidades do país, provavelmente ainda mais do que os políticos. Chama-se a isto o sistema de "portas giratórias" e é muito comum em Washington. Além disso, todos os actores políticos concordam que os lobistas mais eficazes são antigos congressistas. É claro que este sistema é alvo de críticas e os seus detractores consideram-no perigoso para a democracia americana.

O melhor exemplo que se pode dar do poder dos grupos de pressão é provavelmente o da indústria farmacêutica. Os medicamentos americanos estão entre os mais caros do mundo e nunca se fez nada a esse respeito. Poderia ser muito mais barato se os Estados

Unidos importassem medicamentos do estrangeiro, mas os congressistas não tencionam deixar que isso aconteça. Seria contra os seus interesses. A indústria farmacêutica é um negócio de muitos biliões de dólares e cada empresa não tem qualquer problema em gastar alguns milhões para fazer lobby junto do Congresso. Consideram-no simplesmente um investimento muito lucrativo. Como mostra a Social Science Research Network num estudo de 2009, em alguns casos, o lobby pode oferecer a uma empresa um retorno sobre o investimento de até 22.000%, o que é bastante difícil de bater. O problema é que, atualmente, muitos políticos estão muito mais preocupados com os interesses das grandes empresas do que com os das pessoas.

É claro que, mesmo que o lobbying não seja corrupção, há pessoas que tiram partido deste método, de ambos os lados. Em 2006, Jack Abramoff, um lobista republicano, foi condenado a 5 anos e 10 meses de prisão por corrupção, fraude e evasão fiscal. Para além de muitos casos de suborno, foi acusado de usar documentos falsos para extorquir dinheiro para comprar vários barcos-cassino e de enganar os seus clientes nativos americanos. Podia ter sido condenado a 30 anos de prisão, mas declarou-se culpado e prometeu revelar os nomes dos outros lobistas e funcionários públicos envolvidos no caso. A notícia atingiu K-Street e todo o país como uma tonelada de tijolos e muitas pessoas em D.C. tiveram dificuldade em dormir depois do caso, incluindo o Presidente, George W. Bush, que prometeu devolver o dinheiro que tinha recebido de Abramoff. Este último continua a ser atualmente o símbolo da corrupção em Washington.

Com este escândalo, Abramoff manchou a imagem dos lobbies e os efeitos das suas transgressões ainda hoje se fazem sentir na forma como Washington funciona. Abramoff fez com que a indústria dos lóbis fosse alvo de uma grande atenção e de uma regulamentação mais rigorosa. Como resultado, tornou mais difícil o funcionamento dos lóbis, uma vez que a Comissão Eleitoral Federal, a agência que controla o financiamento das campanhas eleitorais, decidiu reforçar o seu controlo sobre os lóbis. Agora, os lobistas têm de se registar como lobistas oficiais e reportar tudo: quanto gastam, com quem falam e qual o assunto. Além disso, só podem levar um funcionário a almoçar por menos de 10 dólares, o que é completamente impossível em Washington D.C. Os funcionários eleitos também tomam agora mais precauções quando falam com lobistas.

É claro que, apesar destas medidas, ainda hoje há muita atividade clandestina em Washington D.C.. Como mostra um relatório de 2014 do The *Nation* intitulado "Where Have All the Lobbyists Gone?", a indústria americana de lobbying "emprega" cerca de 100.000 lobistas. Está muito longe dos números oficiais, que contam 12 281 lobistas registados, o que representa o número mais baixo desde 2002. Se nos cingirmos novamente aos números oficiais, a indústria revelou um volume de negócios de 3,2 mil milhões de dólares em 2013, e o estudo mostra que a indústria global gerou cerca de 9 mil milhões de dólares.

Tendo em conta estes números, não existe uma luta entre o azul democrata e o vermelho republicano em Washington D.C. A única cor que importa é o verde. [th]Na verdade, Alexis de Tocqueville sintetizou com grande clarividência este modo de pensar americano já na primeira metade do século XIX:

"À medida que se aprofunda o carácter nacional dos americanos, vê-se que eles procuraram o valor de tudo neste mundo apenas na resposta a esta única pergunta: quanto dinheiro é que isso vai trazer?" [Tocqueville : 39].

No fim de contas, os lobbies são parte integrante da política americana e a sua influência provavelmente nunca diminuirá. Talvez isso seja bom. Trata-se simplesmente de uma forma de funcionamento diferente da que conhecemos. Temos de ter em conta que os Estados Unidos da América são diferentes de qualquer outro país pela sua dimensão e pelas disparidades com que têm de lidar. O lobbying é, sem dúvida, a forma mais eficaz de os cidadãos influenciarem o seu governo, pelo que deve ser utilizado. Trata-se de um instrumento através do qual os interesses americanos, diversos e contraditórios, exprimem os seus pedidos. Além disso, sem os lobbies, haveria um enorme fosso de informação entre as pessoas que governam e os cidadãos. Por conseguinte, é provavelmente a melhor forma de os americanos informarem os funcionários eleitos sobre uma sociedade e uma economia complexas. Mas será que o sentido moral dos lobistas permanece intacto?

2.2. A Associação Nacional do Rifle

Entre todos os grupos de pressão americanos, a National Rifle Association é provavelmente o mais famoso, o mais virulento e, acima de tudo, o mais controverso. A organização criada em 1871, que se auto-intitula "a mais antiga organização de direitos civis da América" (Home.nra.org), é um dos três lobbies mais influentes em Washington D.C. Promove fortemente "o direito de manter e portar armas", bem como a caça, o treino de auto-defesa e a segurança das armas. Na altura, a organização apoiou o National Firearm Act de 1934, que regulamentava as armas do Título II. O grupo não se concentrou realmente no direito às armas até à década de 1970. Em vez disso, os seus principais campos de ação eram o tiro ao alvo e a caça. Mas a Lei de Controlo de Armas de 1968 veio atiçar a chama e alguns dos seus membros mais radicais começaram a interessar-se pela legislação sobre armas. Em 1975, a NRA tinha criado o seu departamento de lobbying e estava realmente envolvida na vida política do país, aproximando-se dos republicanos conservadores.

A primeira vitória real da NRA ocorreu em 1986, quando a organização fez lobby com sucesso para suavizar a Lei de Controlo de Armas - que tinha originalmente apoiado - através da Lei de Proteção dos Proprietários de Armas de Fogo. Permitiu o envio de munições através do serviço postal, eliminou a cláusula que exigia a manutenção de um registo na compra de balas e permitiu o transporte de armas entre estados. Além disso, reduziu para uma por ano o número de inspecções a que os comerciantes de armas de fogo têm de se submeter. É importante salientar o facto de a associação ter concordado com estes princípios na origem da implementação do projeto de lei. No entanto, manteve a sua posição relativamente à proibição de acesso a armas de fogo por parte de criminosos condenados e doentes mentais. Alguns anos mais tarde, a NRA falhou na oposição à Proibição Federal de Armas de Assalto de 1994, mas os seus esforços de lobbying para a expiração da proibição em 2004 através da cláusula de caducidade foram bem sucedidos. Em 1998, o famoso ator de Hollywood Charlton Heston tornou-se presidente da NRA, o que foi positivo para a imagem da organização a nível nacional. Em termos mais gerais, a associação opõe-se quase sempre a novos actos legislativos sobre o controlo das armas de fogo. No entanto, é a favor de uma aplicação mais rígida da legislação já existente, como o aumento das penas para os homicídios com arma de fogo. A NRA também apoia o porte oculto, embora seja mais ambivalente quanto ao porte aberto.

A associação não é apenas influente na legislação americana. Como figura proeminente de K- Street, dispõe de enormes recursos financeiros que pode despender a favor dos candidatos que apoia - e que a apoiam - quando estes concorrem a eleições. De facto, tem um sistema de classificação que dá notas a cada funcionário eleito, dependendo da sua posição sobre o direito às armas. Ronald Reagan foi o primeiro candidato presidencial a ser apoiado pela NRA durante as eleições de 1980 contra Jimmy Carter. Mais recentemente, durante as eleições presidenciais de 2008, a organização gastou cerca de 10 milhões de dólares em campanha, não especialmente a favor de John McCain, mas especificamente contra Barack Obama. Pode parecer uma enorme quantia de dinheiro para tal objetivo, mas para a NRA, é simplesmente um pequeno investimento em relação aos seus recursos financeiros. Só para o ano de 2010, a associação publicou números oficiais bastante impressionantes. Teve um rendimento global de 227,8 milhões de dólares provenientes de vendas, royalties, angariação de fundos, subscrições de membros, bem como de patrocínios de muitas empresas fornecedoras de bens e fabricantes de armas - mais particularmente 2 milhões de dólares da Beretta e 1 milhão de dólares da Smith & Wesson. Como a NRA não tem empregados para pagar, pode dar-se ao luxo de dar 5,5 milhões de dólares a várias associações de defesa dos direitos das armas. Em 2013, a NRA contava com mais de 5 milhões de membros, o que é notável e muito lucrativo para a associação.

A pedra angular da organização é a sua capacidade de comunicação. Sempre utilizou fortes campanhas publicitárias e slogans, alguns dos quais podem provocar sorrisos condescendentes.

"Quando as armas forem proibidas, só os bandidos terão armas."

"A única coisa que detém um mau da fita com uma arma é um bom da fita com uma arma."

"As armas não matam pessoas, as pessoas matam pessoas".

Podem ser bons a encontrar frases de efeito, mas, por vezes, vão longe demais e têm de enfrentar críticas, dos seus detractores, claro, sobretudo grupos hostis às armas e democratas, mas também do Partido Republicano, do qual são supostamente próximos. Um dos exemplos mais recentes é Chris Christie, o governador republicano de Nova

Jersey - classificado como C pela NRA -, que condenou veementemente um anúncio anti-Obama em 2013. O anúncio criticava a recusa de Obama em implementar guardas armados em todas as escolas após o massacre de Sandy Hook. O anúncio salientava que a escola que os filhos do Presidente frequentam é vigiada por guardas armados, por que não todas as escolas? Chris Christie explica que atacar um funcionário eleito através dos seus filhos é a melhor maneira de perder credibilidade, especialmente porque os filhos das figuras públicas não têm outra opção senão serem protegidos em qualquer altura. Mais interessante ainda do que a desaprovação dos republicanos é o facto de os grupos de defesa dos direitos das armas também terem criticado a NRA. Estas associações são ainda mais radicais do que o grupo de pressão e acusam-no de ser demasiado brando e de comprometer a legislação já existente em matéria de controlo de armas. Uma das mais notáveis é a Gun Owners of America, descrita por Ron Paul, congressista republicano texano, como o "único lobby de armas sem compromissos em Washington", o que agradou muito à organização. Os Judeus para a Preservação dos Proprietários de Armas de Fogo é outra associação radical que também acusa o governo de antissemitismo, juntamente com uma drástica ideologia de direita sobre as armas. Com os muitos casos de tiroteios em massa que têm vindo a horrorizar o país, a América é recorrentemente confrontada com controvérsia e é justo deixar que os cidadãos tenham uma palavra a dizer no debate.

2.3. Dar a palavra ao povo

14 de dezembro de 2012, Newtown, Connecticut. Um homem de 20 anos entra à força na escola primária de Sandy Hook com três armas de fogo e mata 20 crianças e 6 adultos antes de se suicidar. Antes de sair de casa, matou a sua mãe, a proprietária das armas. Diz-se que o atirador, Adam Lanza, sofre de graves perturbações mentais e que as suas acções foram planeadas. Antes desse dia, tinha pesquisado informações sobre tiroteios em massa na América e no estrangeiro e tinha visto vários vídeos de pessoas que se suicidaram com tiros. A história abalou profundamente a cidade, normalmente calma, e todo o país. É claro que este não é o primeiro tiroteio em massa na história dos Estados Unidos, embora seja o segundo mais mortífero perpetrado por um único atirador. No entanto, é provavelmente um dos mais chocantes, uma vez que envolveu crianças muito pequenas.

O primeiro caso mais mortífero ocorreu em 2007 em Blacksburg, Virgínia, no campus da Virginia Tech. 32 pessoas foram mortas por um estudante de 23 anos que depois se suicidou. No entanto, um dos casos mais famosos foi o massacre de 1999 na Columbine High School, em Littleton, Colorado. Dois jovens de 18 anos mataram 12 outros estudantes e um professor antes de se suicidarem. Este caso inspirou o famoso realizador de cinema Michael Moore, que lançou o documentário Bowling for Columbine. O filme tenta determinar as causas que podem ter levado ao massacre, mas, de uma forma mais geral, centra-se na violência armada na América. Mais recentemente, em julho de 2012, durante a estreia do filme Batman em Aurora, no Colorado, um homem de 24 anos entrou no cinema e disparou contra o público, matando 12 pessoas e ferindo 58. A lista poderia continuar por muitas páginas.

Todos estes massacres ocorreram na maior potência mundial, o que é bastante preocupante. Claro que, de cada vez que acontece uma coisa destas, o padrão é sempre o mesmo: o país fica abalado, a história faz manchete e o debate sobre a legislação relativa às armas volta a estar no topo da agenda. O Presidente exprime o seu profundo pesar e as suas sinceras condolências às famílias das vítimas e depois tenta implementar alguma legislação sobre o controlo das armas. Na maioria das vezes, o projeto de lei é rejeitado pelo Congresso ou fica de tal forma comprometido por grupos de defesa das armas, que enfatizam as perturbações mentais dos assassinos e condenam o uso irresponsável de armas, que acaba por se tornar ineficaz. Eventualmente, a história desvanece-se.

Mas o que mais chama a atenção é o facto de ainda haver pessoas que beneficiam com estas tragédias. Com efeito, a indústria das armas de fogo registou um aumento meteórico das suas vendas logo após o massacre de Sandy Hook e, mais particularmente, das vendas das armas utilizadas pelo assassino. Como escreveu Peter Squires em Gun *Culture or Gun Control? Firearms and Violence: Safety and Society,* "Tais proibições podem ser particularmente boas para o comércio a curto prazo e podem realmente inflacionar o preço". [Squires : 224]. Kristin Helm, do Tennessee

Bureau of Investigation, declarou que 9 772 verificações de antecedentes foram efectuadas em três dias, um número que nunca foi atingido, mesmo durante a Black Friday, o dia nacional de vendas. Há duas razões principais para este facto, que resumem muito bem o estado de espírito que se vive no país. Em primeiro lugar, muitos cidadãos, incluindo alguns que nunca tinham possuído uma arma antes, correram para as lojas de armas para obter uma arma, assustados pela insegurança e pelo que interpretaram como uma falta de autoridades policiais.

Mas esta não foi a principal razão que levou a maioria das lojas de armas do país a ficarem sem stock, apesar da enorme subida dos preços na sequência desta grande procura. A principal explicação foi o receio de que a legislação sobre armas de fogo se tornasse incrivelmente mais rígida depois de ouvir o discurso de Obama sobre um projeto de lei em que estava a trabalhar. É fundamental apresentar o projeto de lei do Presidente Barack Obama sobre o controlo de armas, proposto pouco depois do massacre de Sandy Hook. O objetivo da legislação era "ajudar a prevenir os tiroteios em massa", bem como "reduzir a epidemia mais vasta de violência com armas neste país". As suas principais questões eram: a reintrodução da proibição de armas de assalto, mas numa versão mais rigorosa, juntamente com a disposição relativa à proibição de carregadores de grande capacidade. Seria também implementado um controlo universal dos antecedentes criminais, com ajuda federal a nível financeiro, o que obrigaria todos os comerciantes de armas a cumprir a regra, e não apenas 60% deles. Em seguida, a Lei da Paridade da Saúde Mental asseguraria que todos os cidadãos recebessem cuidados de saúde mental iguais e eficazes. Por último, os fundos federais também seriam utilizados para a formação do pessoal escolar para detetar o bullying e para a contratação de conselheiros escolares, profissionais de saúde mental e agentes de recursos escolares.

O Presidente admitiu que reconhecia que não seria um processo fácil implementar legislações mais rigorosas sobre a utilização de armas de fogo, mas que colocaria "todo o peso que o [seu] cargo tem" para provocar essas mudanças. Mais importante ainda, pediu o apoio do povo nesta luta, pois sabia que os lobistas fariam "tudo o que pudessem para bloquear qualquer reforma de senso comum e garantir que nada mudasse". Barack Obama salientou o quão contaminado está o sistema político americano e, mais uma vez, exigiu ação por parte do próprio povo dos Estados Unidos, porque se este se unir, é a única força com influência suficiente para obrigar os congressistas a aceitar esta lei. "Perguntem-lhes se apoiam a renovação da proibição das armas de assalto de tipo militar e dos carregadores de grande capacidade. E se disserem que não, perguntem-lhes porque não?" Esta citação exemplifica a vontade de Obama de que o povo ponha o dedo onde dói. Ele sabia que era arriscado tentar aprovar tal projeto de lei, porque poderia resultar num amargo fracasso para ele e para a sua administração. E foi o que aconteceu.

"Em suma, foi um dia bastante vergonhoso para Washington."

Esta é a conclusão do discurso de 14 minutos de Barack Obama, depois de todas as principais medidas do seu projeto de lei terem sido derrubadas uma a uma pelo Senado. Mais de 50 senadores, incluindo alguns republicanos, apoiaram a legislação sobre armas, mas não foram suficientes para alcançar os 60 votos necessários para a aprovação do projeto. Para 45 deles, os que disseram "não", o massacre de Sandy Hook não foi, obviamente, suficientemente chocante para que tal legislação fosse implementada na lei americana.

Como é possível que nada tenha sido feito quando uma sondagem pública provou que, ao longo dos anos, embora a tendência não seja tão clara atualmente, os americanos sempre foram a favor de uma legislação mais rigorosa em matéria de armas? Em 2012, quase 55% das pessoas consideravam que as leis sobre armas não eram suficientemente rigorosas, enquanto 10% as consideravam demasiado rigorosas e 35% estavam satisfeitas.

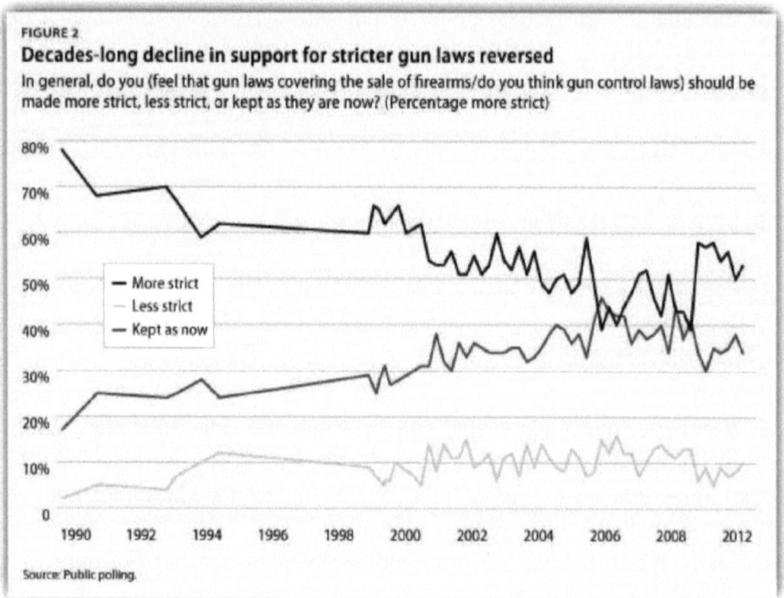

Após o anúncio da proposta de lei sobre armas de Obama, uma sondagem da Gallup perguntou aos cidadãos o que pensavam das várias partes que a compõem. Perguntou-lhes qual seria a sua posição se pudessem votar em questões-chave no dia das eleições. Os resultados são bastante surpreendentes, agora que conhecemos o resultado efetivo. 91% dos americanos, precisamente as pessoas que votaram nestes congressistas, eram a favor de um controlo universal dos antecedentes criminais. Outros 60% concordaram com a proibição das armas de assalto e 56% foram a favor de uma limitação dos carregadores de munições com 10 cartuchos ou menos. De um modo geral, a opinião pública era favorável à proposta do Presidente, mas as pessoas que elegeram como seus representantes falharam.

U.S. Public Support for Proposals Aimed at Preventing School Shootings

	Vote for	Vote against
	%	%
Require criminal background checks for all gun sales	91	8
Increase government spending for mental health programs for young people	82	15
Increase government spending for training police officers, first responders and school officials on how to respond to active armed attacks	79	19
Increase criminal penalties for people who pass the required background check but who buy a gun for someone who has not passed a background check	75	23
Spend $4 billion of federal government money to help keep 15,000 police officers on the street	70	24
Spend $30 million of federal government money to help schools develop emergency response plans	69	27
Ban the possession of armor-piercing bullets by anyone other than members of the military and law enforcement	67	30
Reinstate and strengthen the ban on assault weapons that was in place from 1994 to 2004	60	35
Limit the sale of ammunition magazines to those with 10 rounds or less	54	43

Jan. 19-20, 2013

GALLUP

Muitos justificaram a sua recusa com o receio de que fosse criado um registo de armas para os proprietários de armas de fogo, apesar de estar claramente escrito na proposta que tal não aconteceria. Outros afirmaram que aumentaria os impostos, enquanto outros, ainda mais de má-fé, disseram que a paixão não tinha lugar na legislação americana.

Naturalmente, após o anúncio, o Senado teve de enfrentar fortes críticas da opinião pública e dos meios de comunicação social. Entre muitos outros, o The New-York Times acusou os 45 senadores de "darem muito mais importância a uma fação pequena, estridente e em grande parte rural do que à necessidade esmagadora de segurança e sanidade do país". Algumas figuras políticas proeminentes também expressaram o seu profundo desgosto após o caso, como Diane Feinstein, senadora da Califórnia, atual presidente da câmara de São Francisco e autora da proibição de armas de assalto. "Acredito que o povo americano está muito à frente dos seus representantes eleitos nesta questão".

Apesar de não ter sido aprovada qualquer nova legislação federal sobre o controlo de armas, Obama emitiu uma série de ordens executivas que não requerem a aprovação do Congresso. Serão envidados novos esforços no que respeita ao sistema federal de doenças mentais, que tem por objetivo conter mais informação. A investigação sobre a violência provocada por armas de fogo também será reforçada, bem como o sistema federal de rastreio de armas de fogo utilizadas em crimes. Por último, deverá facilitar às escolas e aos campus a contratação de agentes de recursos escolares, assegurando a proteção dos estudantes. Este é um bom começo para um melhor controlo das armas, mas não é obviamente satisfatório em comparação com o que poderia ter sido alcançado.

Foi assim que o senso comum se revelou impotente face aos interesses de alguns. O Presidente Barack Obama, que parecia bastante abalado durante a conferência de imprensa que se seguiu ao fracasso, pediu mais uma vez a ajuda dos cidadãos. Condenou com veemência os membros do Senado que não ouviram o seu próprio eleitorado por razões de interesse pessoal. "Quem é que estamos aqui a representar?

Por isso, pediu aos eleitores que fizessem saber aos seus eleitos o quanto estão insatisfeitos e que os fizessem pagar por isso nas próximas eleições. Obama dirigiu-se depois diretamente aos membros das associações de armas de fogo e, em especial, aos da NRA. Disse que alguns deles são simplesmente caçadores ou coleccionadores de armas que são totalmente a favor de manter as armas fora das mãos das pessoas erradas através do controlo dos antecedentes criminais. De facto, uma sondagem realizada pelo republicano Frank Luntz em nome da Mayors Against Illegal Guns provou que "74% dos actuais e antigos membros da NRA e 87% dos outros proprietários de armas apoiam a verificação dos antecedentes criminais de qualquer pessoa que compre uma arma". Pediu-lhes que fizessem pressão sobre as suas associações, que conhecem estes números mas preferem desviar o olhar. É mais lucrativo, claro, uma vez que recebem subvenções da indústria de armas e quotas dos membros. Mas, uma vez que estes membros dão dinheiro a estas organizações, deveriam ser eles a fazer o que querem e começar a preocupar-se o suficiente para tomar medidas positivas. O objetivo final é travar estas minorias muito poderosas que vencem a maioria graças à sua vontade de gastar dinheiro com o assunto e ao seu comportamento apaixonado. Barack Obama concluiu dizendo que as pessoas como um todo, todos ao seu nível, devem começar a ser "tão apaixonados, tão organizados e tão vocais como aqueles que bloquearam estas medidas de senso comum para ajudar a manter os nossos filhos seguros". O próximo passo é "enviar as pessoas certas para Washington".

CAPÍTULO 3

Conclusão

A história dos Estados Unidos da América sempre foi feita de violência. No início, os primeiros colonos mataram os nativos americanos. Depois, a sobrevivência nesta terra hostil resultou em ainda mais violência e, muitos anos mais tarde, a independência foi conseguida através de armas de fogo. Há anos que o país tem a taxa de homicídios por arma de fogo mais elevada do mundo industrializado e, apesar de ser a nação mais poderosa do mundo, nada muda. O sistema político americano, único no seu género, torna muito difícil que algo seja feito, especialmente no que diz respeito a questões em que o país está extremamente dividido. Ao longo dos anos, houve muitas tentativas de reduzir o direito às armas e, consequentemente, a violência com armas, mas se olharmos para o que foi conseguido nos últimos 200 anos, verificamos que não foram muito eficazes. A razão para isso, como muitas vezes acontece no mundo atual, é o dinheiro. Os interesses de uns poucos sobrepõem-se ao bem-estar da nação. Os lobbies subornam legalmente os senadores em troca de legislação que favoreça os seus clientes. É um negócio de biliões de dólares muito lucrativo que beneficia as três partes: Os senadores têm as suas campanhas pagas para se candidatarem repetidamente ao Congresso; os lobistas recebem enormes quantias de dinheiro e as grandes empresas que os contratam obtêm lucros insanos com a implementação de legislações que os favorecem. É uma situação em que todos ganham. Mas há alguém que não recebe a sua parte no processo: o povo americano.

Nesta altura, em relação a todos estes elementos, pode colocar-se uma questão legítima. Quem é que realmente governa a América? Quando o Presidente mais poderoso do mundo não consegue aprovar um projeto de lei de senso comum com 90% de apoio público no seu próprio país, isso significa que algo está errado. Nenhuma pessoa sã recusaria esta legislação, a menos que tivesse um interesse pessoal em fazê-lo. Após este tipo de tiroteios, não só as legislações de controlo de armas fracassam, como são aprovadas em todos os Estados novas leis que permitem mais liberdades aos proprietários de armas. É óbvio que as mudanças na legislação sobre armas de fogo vão sempre na mesma direção. Todos os anos, são implementadas mais desculpas legais para as pessoas usarem armas. Não é o público que faz estas escolhas, são os lobbies e o seu controlo que as fazem.

A questão que se coloca agora é a seguinte: o que é que pode ser implementado para limitar os lóbis a uma quantidade razoável de poder e, consequentemente, dar um primeiro passo para a limpeza da política americana?

A primeira solução seria mudar o sistema político, mas isso é claramente demasiado complicado e muito provavelmente nunca acontecerá. Outra solução, mais realista, seria encontrar uma forma de limitar a influência dos lóbis, quer encontrando uma forma de limitar os custos das campanhas para o Congresso, quer encontrando outra forma de as patrocinar que fosse pelo menos tão fácil como obter subvenções dos lóbis. No entanto, isto também parece complicado. A melhor solução seria certamente repelir a força pela força e combater a indústria das armas com a sua própria arma: a pressão política. Para tal, seria necessário colocar os congressistas numa posição desconfortável, de modo a impedi-los de apoiar as leis sobre armas, se quiserem manter o apoio dos seus círculos eleitorais. A questão é: como? Ainda não podemos dar uma resposta substancial, mas o que podemos fazer é ser optimistas e manter a fé de que, um dia, as pessoas acabarão por agir de forma responsável e derrubar este processo irresponsável.

"Eles devem aceitar a responsabilidade, reconhecendo que responsabilidade não é o mesmo que culpabilidade." - Stephen King.

CAPÍTULO 4

Bibliografia

> *Fontes primárias*

Cornell, Saul. A Well-Regulated Militia: The Founding Fathers and the Origins of Gun Control in America [Uma Milícia Bem Regulamentada: Os Pais Fundadores e as Origens do Controlo de Armas na América]. Nova York, Nova York: Universidade de Oxford. 2006. 141. Imprensa.

DeKieffer, Donald E. The Citizen's Guide to Lobbying Congress. 1ª edição. Chicago: Chicago Review Press, 2007. Imprimir.

Duiker, William J., e Jackson J. Spielvogel. "The Flourishing of European Culture" [O florescimento da cultura europeia]. World History: Since 1500. Vol. 2. Minneapolis, Minnesota: West Publ. 1994. 445. Imprimir.

Squires, Peter. Gun Culture or Gun Control? 1st ed. London: Routledge, 2000. Imprimir.

Taylor, Alan. "Parte II: Colónias: Virgínia 1570-1650 / Puritanos e Índios 1600-1700." Colónias Americanas: The Penguin History of the United States. The Settling of North America [A colonização da América do Norte]. Vol. 1. Nova York, Nova York: Penguin Group. 2001. 117. 187. Imprimir.

Tocqueville (de), Alexis, e Boesche Roger. Cartas selecionadas sobre política e sociedade. 1st ed. Berkeley: University of California Press, 1985. Imprimir.

Vile, John R. A Companion to the United States Constitution and Its Amendments [Um Companheiro da Constituição dos Estados Unidos e suas Emendas]. 1ª ed., Santa Barbara, Califórnia: Praeger, 2010. Santa Barbara, Califórnia: Praeger, 2010. Imprimir.

> *Fontes secundárias*

Atf.gov, 'Lei Nacional das Armas de Fogo | ATF'. N. p., 2014. Web.

Fang, Lee. "Para onde foram todos os lobistas?". Thenation.com. N. p., 2014. Web. 19 Feb. 2014.

FBI,. 'Expanded Offense Data'. N. p., 2010. Web.

Pesquisa global. Mass Shootings in America: A Historical Review". N. p. 2013. Web. 19 Oct. 2014.

Home.nra.org, "SOBRE NÓS". N. p., 2014. Web.

'Measuring Rates of Return For Lobbying Expenditures: An Empirical Case Study Of Tax Breaks For Multinational Corporations". Jornal de Direito e Política Vol. 25.No. 401 (2009). Imprimir.

Nytimes.com. 'The New York Times'. N. p., 2013. Web. 18 abr. 2013.

Projeto de Tendências Sociais e Demográficas do Centro de Investigação Pew, 'Gun Homicide Rate Declines by Half since 1993 Peak'. N. p., 2013. Web.

Simon, Richard. 'Senado vota contra proibição de armas de assalto de Feinstein'. Artigos do Los Angeles Times. N. p., 2013. Web.

Unodc.org,. 'Protocolo de armas de fogo - Escritório das Nações Unidas sobre Drogas e Crime'. N. p., 2013. Web.

Usacarry.com,. 'Mapas de reciprocidade de permissão de transporte oculto - USA Carry'. N. p., 2014. Web.

Departamento de Justiça dos EUA,. 'Homicide In Eight U.S. Cities -'. N. p., 1997. Web.

Departamento de Justiça dos EUA,. Homicide Trends in the United States 1980 - 2008-'. N. p., 2011. Web.

Whitehouse.gov,. 'Memorando presidencial - Envolvimento na pesquisa de saúde pública sobre as causas e prevenção da violência armada - A Casa Branca'. N. p., 2013. Web.

WSJ.com,. 'Assassinato na América - Wallstreetjournal.Com'. N. p., 2013. Web.

MIX
Papier aus verantwortungsvollen Quellen
Paper from responsible sources
FSC® C105338

Printed by Books on Demand GmbH, Norderstedt / Germany